Klaus Leidorf

Hoch über Bayern

Die Deutsche Bibliothek verzeichnet diese Publikation in der Deutschen Nationalbibliografie; detaillierte bibliografische Daten sind im Internet über http://dnb.ddb.de abrufbar.

2012 by Volk Verlag München
Streitfeldstraße 19; 81673 München
Tel.: 089 / 420 79 69 80; Fax: 089 / 420 79 69 86

Druck: Auer Buch + Medien GmbH, Donauwörth

ISBN 978-3-86222-047-2
www.volkverlag.de

Klaus Leidorf

Hoch über Bayern

Einzigartige Ansichten aus der Vogelperspektive

Volk Verlag München

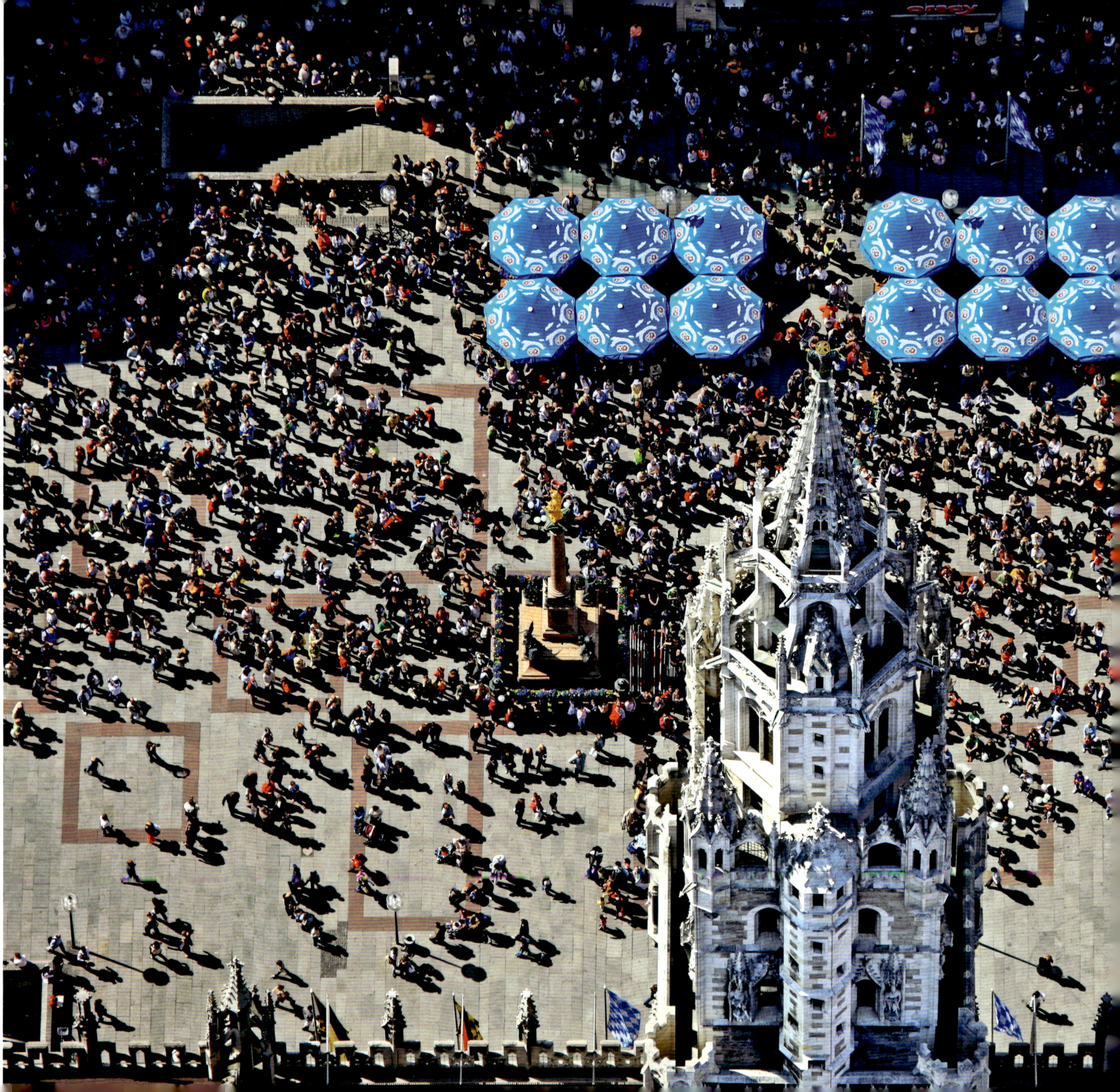

Marienplatz München
Fast sieht es so aus, als würden all die nach oben blickenden Besucher des Marienplatzes den Piloten bei seiner Arbeit beobachten. Tatsächlich aber ist es leider das berühmte, am 18. Februar 1909 erstmals in Betrieb genommene Glockenspiel des Neuen Rathauses, das ihre Aufmerksamkeit fesselt.

Naturschutzgebiet Schambachried
Wie ein Fremdkörper nimmt sich der Strommast vor der ansonsten unberührten Moorwildnis des ältesten Naturschutzgebiets Mittelfrankens, des rund 7 ha großen Schambachrieds, aus, das nordwestlich von Treuchtlingen in einer breiten Talaue des Schambachs liegt. Die frühere Bewirtschaftung ohne Düngung führte zur Ausbildung vieler gefährdeter Arten in Flora und Fauna. Neben der Wasserspitzmaus haben sich hier einige sehr seltene Käferarten erhalten, darunter auch eine rare Eiszeitreliktart.

Wampenmoos bei Bad Tölz
Das Wampenmoos am Kirchsee nordöstlich des oberbayerischen Bad Tölz ist als Hochmoor Teil des Naturschutzgebiets Ellbach-Kirchseemoor. Hochmoore gehören mit zu den letzten echten Naturlandschaften Bayerns. Sie sind nährstoffarme, saure und nasse Lebensräume, die keinen Kontakt zum Grundwasser haben und ihre Feuchtigkeit, im Gegensatz zu Niedermooren, lediglich aus Niederschlägen gewinnen. Man findet hier aufgrund der Nährstoffarmut ausschließlich Gräser sowie wenige Baum- und Beerensorten.

Papierfabrik in Plattling
Mächtige Holzstämme warten tausendfach auf dem Lagerplatz einer Papierfabrik im niederbayerischen Plattling auf ihre Weiterverarbeitung. Rund 350.000 Tonnen Papier verlassen jährlich hier die Produktionshallen.

Solarpark bei Regensburg
Auf einem ehemaligen Munitionsdepot in Hemau bei Regensburg wurde im Januar 2003 ein großer privater Solarpark mit 32.000 Solarmodulen in Betrieb genommen. Die Anlage hat eine Spitzenleistung von rund 4 Megawatt und war zur Zeit ihrer Inbetriebnahme die leistungsstärkste der Welt. Ein besonderes Augenmerk wurde bei der Planung auf den Erhalt einiger wichtiger Biotope innerhalb des Solarfelds gelegt. Der Artenreichtum ist inzwischen signifikant angestiegen.

Zementwerk bei Harburg
Faszinierend und befremdlich zugleich wirkt die gewaltige Deponie für ausgediente Altreifen in einem Zementwerk bei Harburg in Schwaben. Gummi ist ein sehr schwer zu recyclender Rohstoff, doch mittels neuer Methoden soll hier aus Asphalt und Reifengummi ein Verbundstoff für den Straßenbau hergestellt werden.

Sammelstelle für Kunststoffabfälle
Berge an Kunststoffabfällen warten auf einem Firmengelände auf ihre Wiederaufbereitung.

Ruderboot auf dem Gröbensee
Auf dem tiefblauen, stillen Wasser des Gröbensees ist noch spät im Jahr ein eiliger Ruderer unterwegs. Der See gehört zu der 225 Hektar großen, seit 1981 unter Naturschutz stehenden Gewässergruppe der Osterseen südlich des Starnberger Sees. Die Aufnahme entstand Anfang November.

Überschwemmung im Altmühltal
Nach der Schneeschmelze trat das Wasser der Altmühl bei Dittenheim über die Ufer und überschwemmte die angrenzenden Felder. Im Luftbild treten die nur noch wenige Zentimeter hoch erhaltenen vorgeschichtlichen Grabhügel eines mehrere tausend Jahre alten Friedhofs deutlich als kleine, runde Insel zutage. Ein großartiger Glücksfall für den Luftbildarchäologen.

27

Mertinger Höll bei Donauwörth
Silbern schimmernd spiegelt sich die Märzsonne auf den Wasserflächen der „Mertinger Höll“, wenn das Grundwasser nach der Schneeschmelze im Frühjahr wieder einmal hoch ansteht. Das rund 1.200 Hektar große Wiesenareal bei Donauwörth ist ein Naturschutzgebiet von überregionaler Bedeutung und für viele Vogelarten des Donautals ein wichtiges Rückzugsgebiet.

Gärtnerei nahe Bamberg
In wohlgeordneten, schmalen Parzellen, die aus der Vogelperspektive wie ein gewaltiges grünes Mosaik wirken, werden in einer Gärtnerei bei Bamberg Zier- und Nutzpflanzen herangezogen. Die beiden Mitarbeiter, die sich verschwindend klein unterhalb des mittleren Weges ausnehmen, haben einiges zu tun, wenn sie sich um all die Pflanzen kümmern wollen.

BAUSTOFFMARKT
GERSTHOFEN

Verkehrsanschluss bei Gersthofen
Wie die Tentakel eines gigantischen, über die Landschaft ausgebreiteten Kraken muten auf den ersten Blick die chaotisch verschlungenen Linien des Verkehrsanschlusses des Gewerbegebiets Gersthofen im schwäbischen Landkreis Augsburg an die B2 an. Nicht nur der Luftbildfotograf, auch der Autofahrer sollte hier einigermaßen schwindelfrei sein, wenn er in die Kurve geht.

Ostbahnhof München
Glitzernd präsentiert sich das Schienennetz des Münchner Ostbahnhofs im Gegenlicht. 1871 als Bahnhof Haidhausen entlang der neu errichteten Bahnstrecken von München nach Mühldorf und Rosenheim in Betrieb genommen, stellt er heute neben dem Hauptbahnhof und dem Bahnhof Pasing den dritten Münchner Fernbahnhof dar. Für viele tausend Pendler ist er der tägliche Knotenpunkt zu den städtischen S-, U- und Trambahnlinien.

Hapag-Lloyd
Hapag-Lloyd
Hapag-Lloyd
MAERSK SEALAND
P&O Nedlloyd
MAERSK SEALAND
MAERSK LINE
APL
APL
APL
MAERSK LINE
MAERSK
Safmarine
P&O Nedlloyd
CAI
MOL
MOL

Umschlagbahnhof Regensburg Ost
Der Umschlagbahnhof Regensburg Ost nahm im Jahr 2000 seinen Betrieb auf und wurde bereits zehn Jahre später nochmals umfassend erweitert. Zwei Portalkräne schlagen heute auf dem 42.000 m² großen Gelände mehr als 150.000 Ladeeinheiten pro Jahr um und entlasten so den Verkehr auf den Straßen erheblich.

36

Esplanade der Allianz Arena München
Knapp 70.000 Fußballfans pilgern regelmäßig zur Allianz-Arena im Münchner Stadtteil Freimann, wenn wieder Anpfiff ist. Die Besucherströme werden auf den stromlinienförmig angelegten Wegen der „Esplanade“ bewusst entflochten und von den Parkhäusern und der U-Bahnstation gezielt zum Stadion gelenkt.

Home
KONICA MINOLTA
MEDION.de

Flohmarkt auf der Münchner Theresienwiese
Einmal im Jahr, zu Beginn des Frühlingsfests, lädt das Münchner Rote Kreuz zum größten Flohmarkt Bayerns auf die Theresienwiese ein. Zu Füßen der Bavaria treffen sich bei gutem Wetter über 2.000 Aussteller, um mit mehr als 20.000 Besuchern um ihre Waren zu feilschen.

Kohlfeld bei Ismaning
Wie ein „Wimmelbild" der etwas anderen Art wirken die rasterartig angeordneten Kohlköpfe auf diesem Feld. Die unterschiedlichen Sorten von Blau- und Weißkraut sorgen für die Komposition farblich abweichnder Streifen.

Schafherde bei Haag
In der Nähe von Haag in Oberbayern trottet eine Schafherde in Reih und Glied seelenruhig die Asphaltstraße entlang. Da bleibt dem entgegenkommenden Autofahrer nichts anderes übrig, als am Straßenrand anzuhalten und die schier endlose Prozession vorbeiziehen zu lassen. Die Wolllieferanten haben auf dem Land eben Vorfahrt.

Hopfenfeld nahe Siegenburg
Halb unter den Hopfenranken verborgen, die bereits Anfang Juni, als das Bild entstand, den größten Teil der Drahtgestelle emporgewachsen sind, zieht ein Traktor samt Egge gleichmäßig durch das Feld bei Dürnhardt nahe Siegenburg im Landkreis Kelheim. Das Gebiet der Hallertau, das grob von den Städten Ingolstadt, Kelheim, Landshut, Moosburg, Freising und Schrobenhausen begrenzt wird, ist das größte zusammenhängende Hopfenanbaugebiet der Welt.

Kleine Vils
Tiefblau mäandert die Kleine Vils zwischen Diemanskirchen und Helmsdorf in Niederbayern in kleinen Schleifen dahin. Die Begrenzungen der Felder müssen sich ihrem Lauf anpassen. Das Bild wirkt – angesichts der weitverbreiteten streng geometrischen Linien flurbereinigter Landstriche – angenehm unkompliziert. Es ist Mitte April, die ersten Knospen sprießen bereits auf den Bäumen entlang der Ufer.

Jüdischer Friedhof Gerolzhofen
Wenige hundert Meter östlich des Stadtrands liegt der 1639 entstandene Jüdische Friedhof der Stadt Gerolzhofen im Landkreis Schweinfurt. Im Laufe der Zeit erfuhr er mehrere Erweiterungen. Im 20. Jahrhundert kam es zu mehreren Schändungen des Friedhofs: Zuerst 1927 durch zwei NSDAP-Mitglieder, dann 1936 und 1938. Leider ist der Friedhof auch bis heute nicht vor Schändungen sicher.

Schafherde
Vor schätzungsweise 10.000 Jahren das erste Mal domestiziert, spielen Hausschafe in der Geschichte der Menschheit eine bedeutende Rolle als Milch-, Fleisch- und Wolllieferanten, auch wenn man das landläufige Bild der Wander- oder Deichherden zunehmend seltener sieht. Nach wie vor werden Herden aber gern zur Landschaftspflege eingesetzt: Grünflächen und Landschaftsformen wie die Heide werden durch den Appetit der Schafe in Form und Funktion gehalten.

Kuchlbauerturm in Abensberg
Wie ein Motiv aus einem fremdländischen Märchen leuchtet die vergoldete Dachkuppel des von dem österreichischen Künstler Friedensreich Hundertwasser entworfenen „Kuchlbauerturms“ auf dem Gelände der gleichnamigen Brauerei in der niederbayerischen Stadt Abensberg. Ursprünglich als 70 m hohes Monument geplant, wuchs der Turm aus Gründen des Denkmalschutzes letztlich doch nur auf 34 m an. Das Gebäude wurde im Januar 2010 erstmals für Besucher eröffnet, Hundertwasser selbst verstarb noch während der Planungsphase im Jahr 2010.

Markttag in Landshut
Wie in vielen anderen Städten auch findet in Landshut regelmäßig ein Wochenmarkt statt. Wochenmärkte sind anbieter-, kunden- und umweltfreundliche Handelsplätze von Lebensmitteln. Zum einen werden die Waren – vorwiegend Obst, Gemüse, Eier, Milchprodukte, Fleisch oder Fisch – oftmals direkt von regionalen Anbietern vertrieben, deren Fokus in den letzten Jahrzehnten verstärkt auf biologischem Anbau liegt. Zum anderen sorgt die Konzentration auf regionale Produkte für kurze Transportwege, was die Umwelt zusätzlich schont. Nicht zu unterschätzen ist, dass Wochenmärkte darüber hinaus auch eine wichtige soziale Funktion im Rhythmus des Stadt- und Landlebens besitzen.

Neubausiedlung in Erbendorf
Uniform präsentiert sich eine neue Wohnsiedlung in der Stadt Erbendorf im Oberpfälzer Landkreis Tirschenreuth. Erst auf den zweiten Blick fällt auf, dass keines der Häuser einen Schornstein besitzt – dafür aber alle eine Photovoltaikanlage. Rohstoffverknappung und Klimaerwärmung zwingen allmählich zum Umdenken.

Seeroseninsel im Siferlinger See
Bei Prutting in Oberbayern präsentiert sich der Siferlinger See, ein wunderschönes Angelgewässer in Oberbayern. Nahe des Ufers hat sich eine Seeroseninsel gebildet, weiß aufblitzend leuchten die zahllosen Blüten im glitzernden Wasser mit der Sonne um die Wette.

Kiesbank am Lech
Robinsonade auf einer Kiesbank am Lech; Im Gegensatz zu Robinson und Freitag jedoch werden sich die beiden Bootswanderer mit ihrem vierbeinigen Begleiter die einsame Umgebung wohl eher freiwillig für ihren Aufenthalt ausgesucht haben.

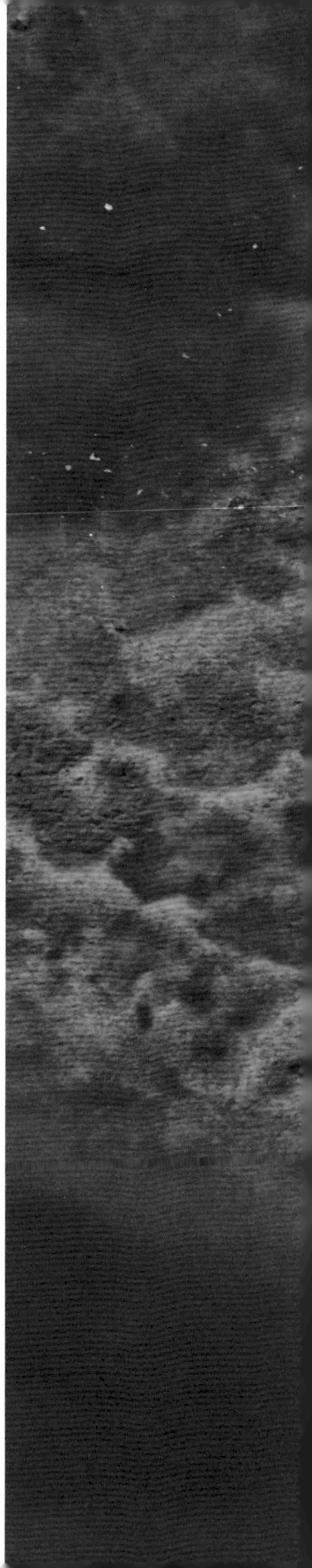

Vogelinsel bei Höchstädt an der Donau
In einem Baggersee bei Höchstädt an der Donau hat sich auf einer kleinen, sichelförmigen Insel unversehens ein spontanes, friedliches Biotop entwickelt. Zahlreiche Vögel haben das Eiland für sich in Besitz genommen, um hier ungestört rasten zu können.

Weinreben am Rosenberg bei Sommerach

Am Rosenberg bei Sommerach im unterfränkischen Landkreis Kitzingen sprießen in der ersten Frühlingssonne Mitte April die Weinreben. Die infolge der Flurbereinigung kleinteilig geordnete Agrarstruktur mutet von oben beinahe mosaikartig an. Die Einförmigkeit der Geländenutzung hat hoffentlich keine Auswirkungen auf die Weingüte.

Fischteiche bei Aschheim
Durch schmale Landstreifen getrennt, finden sich mehr als 30 schmale, längliche Einzelteiche mit einer Gesamtfläche von über 5 Hektar am Ismaninger Speichersee nahe der Gemeinde Aschheim im Landkreis München aneinandergereiht. Ein Seitenkanal des Isarkanals dient der Wasserversorgung der Teiche, die den Kanal auf mehreren Kilometern begleiten.

Frühlingswald im Naturschutzgebiet Mainhang
Zwischen der Mainverebnung bei Volkach und Kaltenhausen zeigen sich Mitte April im Naturschutzgebiet Mainhang an der Vogelsburg erste Frühlingsboten. Zwischen dem zarten Grün der frischen Knospen leuchten hellweiß die ersten Kirschbaumblüten.

Hackerweiher bei Deggendorf-Natternberg
Wie ein abstraktes Gemälde wirken die eisigen Strukturen auf dem zugefrorenen Hackerweiher bei Deggendorf-Natternberg. Ein letzter Kälteeinbruch im März 2011 führte zu einem Wechselspiel von Tauen und erneutem Einfrieren des Wassers, was die Oberfläche des Weihers in ein modernes Kunstwerk verwandelte.

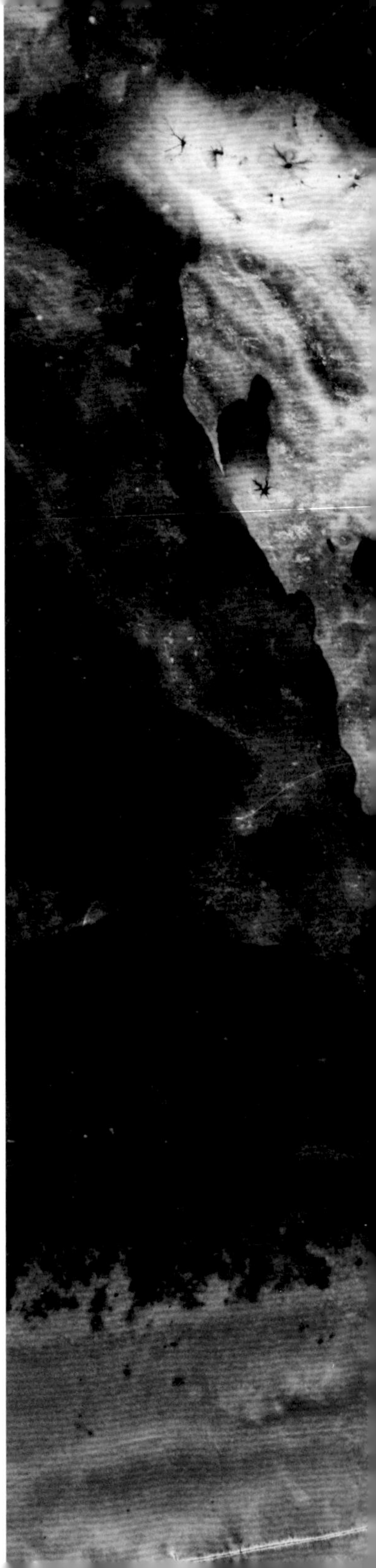

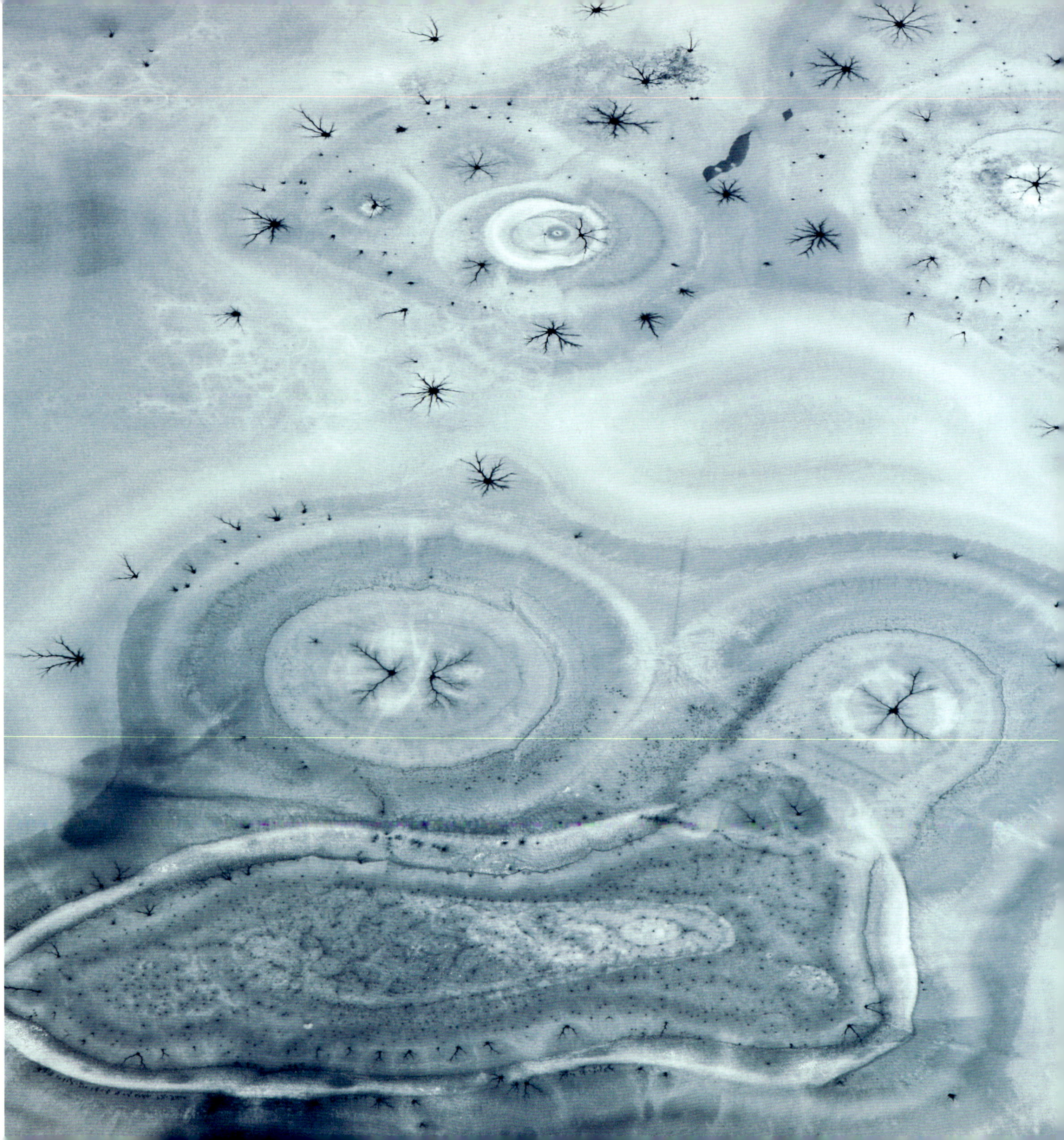

Eisweiher
Wie ein bizarres modernes Kunstwerk wirkt auch hier die zugefrorene Oberfläche eines kleinen Badeweihers in Oberbayern samt den sternförmigen Löchern und Rissen im Eis. Die unterschiedlichen Tönungen der Linien und Flächen verdeutlicht, wie dick die Eisschicht an der betreffenden Stelle jeweils ist.

Lawine am Schneeferner
Kleine Lawinen, die von den Höhen des Zugspitzecks und des Schneefernerkopfs niedergehen, nähren zusammen mit Schnee- und Regenfällen den Schneeferner, den größten Gletscher Deutschlands.

Verpackungsbehälter
Wie unzählige Legosteine stapeln sich die Verpackungsbehälter aus Kunststoff auf dem Lagerplatz einer Firma in Monheim im schwäbischen Landkreis Donau-Ries.

Bewässerungsspuren bei Bergtheim
Die Sprühköpfe eines Bewässerungssystems, das ein Landwirt bei Bergtheim auf seinem Acker installiert hat, erzeugen gleichmäßige Muster auf dem Erdboden. Im Zusammenwirken mit der diagonalen Struktur der Ackerfurchen ergibt sich aus der Luft betrachtet ein bizarres Muster.

„Erdzeichen“ am Münchner Flughafen
Aufmerksame Luftreisende können beim Start und bei der Landung am Münchner Flughafen „Franz Josef Strauß“ das Kunstwerk „Eine Insel für die Zeit“ des Malers Wilhelm Holderied und des Bildhauers Karl Schlamminger entdecken. Sie wollten ganz bewusst ein „Erdzeichen“ setzen, das nur aus der Luft zu erkennen ist. Das gewaltige Relief in Form einer doppelten Spiralschleife erstreckt sich auf einer Fläche von 205 mal 258 Metern.

Inseln im Main bei Volkach
An einem heißen und klaren Sommertag Mitte Juli zieht es die Bewohner von Fahr bei Volkach zu zwei kleinen Inseln im Main. Man muss nicht ans Meer fahren, um sich Abkühlung im Wasser zu verschaffen oder in der Sonne auf dem Sand zu räkeln. Und schöner als im überfüllten Freibad ist es hier sowieso.

Scheibeninsel im Eibsee
Am Fuße der Zugspitze liegt die herzförmige Scheibeninsel im türkisblauen Eibsee. Sie ist eine von acht Inseln des 973 m hoch gelegenen und bis zu 34 m tiefen Sees, der als einer der schönsten der bayerischen Alpen gilt. Aufgenommen an einem kühlen Frühlingsmorgen im April.

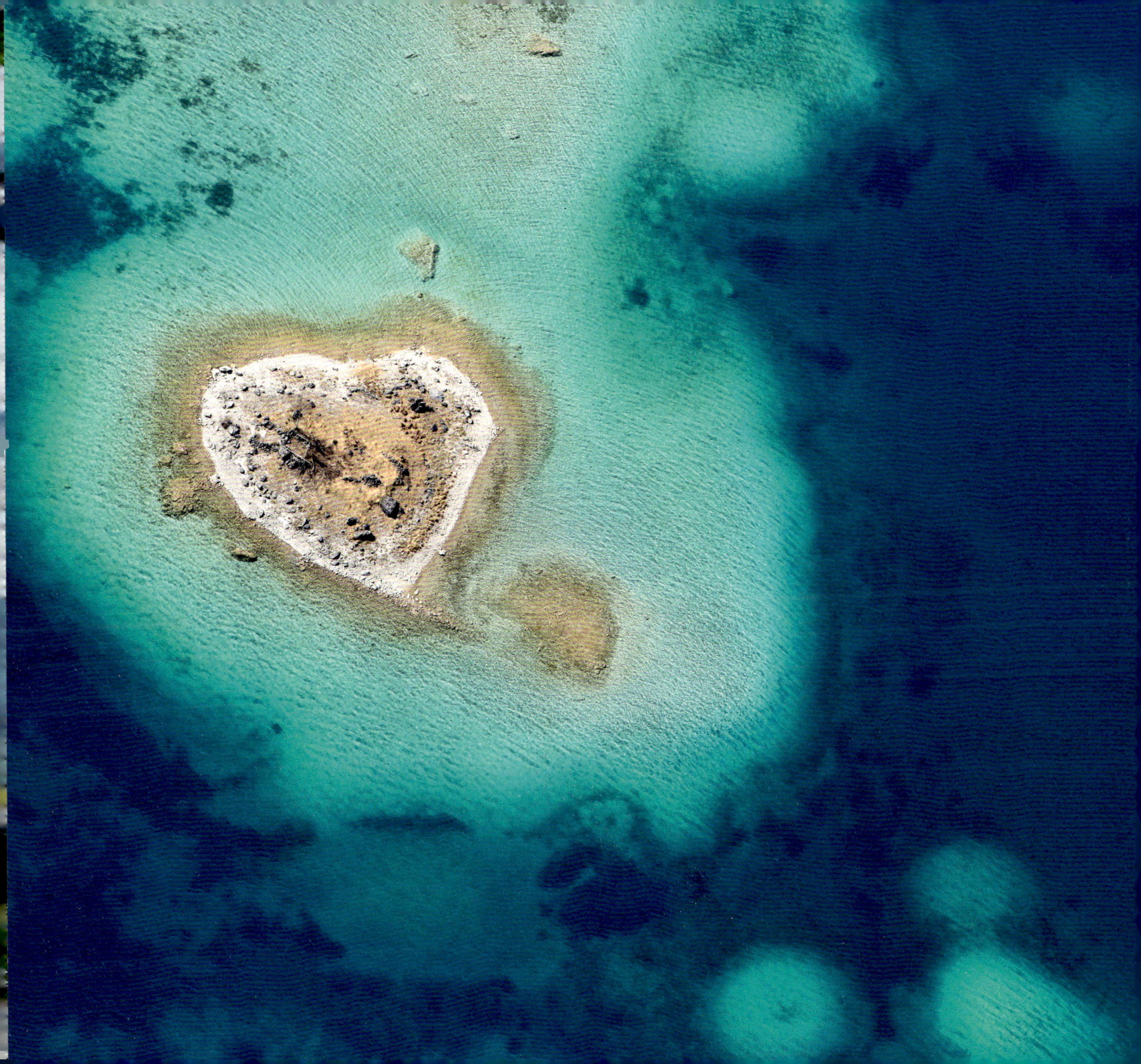

Spargelfeld bei Schrobenhausen
Nahe Waidhofen bei Schrobenhausen haben die Spargelstecher von Mitte April bis zum „Johannistag“ (24. Juni), dem traditionell letzten Erntetag, Hochsaison. 1913 erstmals in den sandigen Paar-Auen angebaut, gedeiht heute auf rund 600 ha Fläche rund um Schrobenhausen Spargel. Die edlen Stangen sind nicht zuletzt deshalb so teuer, da sie einzeln von Hand geerntet werden müssen.

Regen bei Chameregg
Gleich dreifach ist das blaue Band des Regens nahe Chameregg im Bild zu sehen. Da sich zwischen Cham und Pösing das Tal stark weitet, kann der größte Fluss der Oberpfalz in weiten Schleifen durch die Landschaft mäandern.

Fischreuse im Ammersee
Die Komposition aus dem Farbenspiel des Wassers, der einsamen Schwimmerin und der beinahe wie ein abstrakter Rochen anmutenden Reuse strahlt im Zusammenspiel der einzelnen Elemente eine unglaubliche Ruhe aus. Linienführung, Farbnuancierung und Positionierung der Komponenten könnten nicht besser getroffen werden, wäre das Motiv nachgestellt. Der Luftbildarchäologe freut sich über die glückliche Fügung einer tollen Aufnahme – und der Ammerseefischer am Abend über einen fetten Waller in seiner Reuse.

Segelboote in Inning am Ammersee
Noch warten die abgedeckten Segelboote auf einer Wiese in Inning am Ammersee auf windige Zeiten. Der Ammersee ist ein beliebtes Segel-Paradies, drehende Winde stellen mitunter nicht nur Anfänger vor manch sportliche Herausforderung.

Zelte im Münchner Olympiapark
Zahlreiche Teilnehmer der „34. Europäischen Jonglierconvention“ campierten im August 2011 in einem Zeltlager im südlichen Teil des Olympiaparks der Bayerischen Landeshauptstadt. Inmitten des sympathisch unkomplizierten Chaos des Zeltgewimmels stärken sich etliche der Besucher gerade beim Frühstück.

100%

Schwimmschule in Landshut
Wie ein großer, freundlicher blauer Fisch mit rotem Auge sieht das Becken der Landshuter Schwimmschule in der Klötzlmüllerstraße von oben aus. An diesem wolkenlosen, schönen Tag Ende Juni 2011 genau die richtige Abkühlung.

106

„Robertobeach“ nahe Aschheim
Warum in die Ferne schweifen, wenn das Gute liegt so nah, mochte sich – frei nach Goethe – vielleicht so mancher Badegast auf dem Bild gedacht haben, während er das Sonnenbaden genoss. Was beinahe nach südländischer Ferienhotelanlage aussieht, ist in Wahrheit ein künstlich aufgeschütteter Sandstrand einer ehemaligen Kiesgrube in der Nähe von Aschheim.

Rhein-Main-Donaukanal
Nach zahlreichen strengen Frostnächten waren Ende Januar und Anfang Februar 2006 viele Flüsse, Seen und Küstenbereiche der Nord- und Ostsee mit Eis bedeckt. Die eisigen Temperaturen ließen auch Teile des Rhein-Main-Donaukanals gefrieren. So mancher Binnenschiffer musste an einer geeigneten Stelle „überwintern" und letztlich anerkennen, dass die Natur am Ende doch stärker ist als der Mensch.

ZEMPLIN

Fichtelgebirge im Winter
Wie ein Zauberwald aus einem Märchen muten die stimmungsvoll vom Raureif überzuckerten Bäume im Fichtelgebirge an. Die schräg einfallenden Strahlen der Januarsonne entfachen dabei ein romantisches Licht- und Schattenspiel über der stillen, in sich ruhenden Szenerie.

Kiefernwald mit Lärchengruppe
Nur die bunter Färbung der im immergrünen Kiefernwald versteckten Lärchengruppe verrät den nahenden Winter. Im Spätherbst werfen sie ihre nadelförmigen Blätter ab, während die Kiefern das ganze Jahr über ihr Nadelkleid behalten.

Abgetragenes Getreidefeld
Starker Regen und ungenügende Befestigung waren für die übermäßige Abtragung des Bodens in diesem Getreidefeld verantwortlich. Was aus der Luft als eindrucksvolles, skurriles Muster wirkt, hat für den Landwirt vermutlich schmerzliche Ernteeinbußen zur Folge.

St. Ludwig in München
Schräg gegenüber der altehrwürdigen Münchner Ludwig-Maximilians-Universität erhebt sich die beeindruckende Architektur der Ludwigskirche. Ludwig I. ließ den Monumentalbau als Bestandteil der prunkvollen Ludwigstraße von Friedrich von Gärtner errichten, obwohl das Vorhaben die Stadt München beinahe an den Rand des Ruins trieb. Im 2. Weltkrieg schwer beschädigt, wurde das Dach erst von 2007–2009 nach den Originalentwürfen Gärtners neu gedeckt und somit in den Urzustand zurückversetzt.

Leistungspflügen in Greilsberg
Der Pflug ist nach wie vor das wichtigste landwirtschaftliche Gerät zur Bearbeitung von Ackeroberflächen. Eine der originellsten Formen, das eigene Können zu demonstrieren, ist das Leistungspflügen, das sich in ländlichen Regionen großer Beliebtheit erfreut und zahlreich unter der Schirmherrschaft des Deutschen Pflügerrats e. V. durchgeführt wird. Beim Leistungspflügen, wie hier in Greilsberg bei Bayerbach, misst sich der Nachwuchs vor den kritischen Augen der Richter in den Disziplinen Dreh- und Beetpflügen.

Ludwigsmoos

Ludwigsmoos im Landkreis Neuburg-Schrobenhausen ist ein typisches Straßendorf, eine Siedlungsform, die nicht nur in Bayern weit verbreitet ist. Die einzelnen Höfe oder Hofstellen sind entlang eines einzigen zentralen, bisweilen mehrere Kilometer langen und oftmals schnurgeraden Verkehrswegs angelegt. Zwar ist ein direkter Zusammenhang der Siedlungsform mit den gegebenen Flurformen nicht zwangsläufig, allerdings sehr häufig, so wie hier: Das Altbayerische Donaumoos bildete einst das größte bayerische Niedermoor. Ab 1796 wurde es partitiell trockengelegt und stellt nach wie vor die bislang größte Neulandgewinnung in Bayern seit dem Mittelalter dar. Erst nach der Entwässerung konnte das Gebiet behutsam besiedelt werden.

Kreuzberg bei Freyung
Etwa 3,5 km nördlich der Kreisstadt Freyung liegt Keuzberg auf einem unbewaldeten Gneis-Kegel, der zu allen Seiten relativ gleichmäßig abfällt. Ausgehend von der sich zentral zusammenballenden Siedlung ordnen sich die einzelnen „Hufen“ radial an. Die sogenannte „Hufe“ geht auf ein altes Flächenmaß zurück, das sich aus der Arbeitsleistung eines Pflugs berechnet. Eine „Hufe“ entspricht etwa 30 „Morgen“ und somit dem Ackerland, das in einem Monat von einem einzelnen Pflug, also mit der Arbeitskraft einer Familie, gepflügt und bestellt werden kann.

Mähdrescher bei der Erntearbeit
Fast die Hälfte der Fläche Bayerns wird landwirtschaftlich genutzt, ein weiteres Drittel ist Waldfläche. Hier hat es ein einzelner Baum geschafft, mitten in einem Getreidefeld seinen Standort zu behaupten, was den Landwirt sicherlich zu der einen oder anderen Extrakurve zwingt.

Traktor mit Heuwender
Ein gleichmäßiges geometrisches Muster hat hier der Landwirt auf sein Feld mit dem Heuwender gezeichnet. Eine flüchtige Momentaufnahme, derer man als Luftbildfotograf oft nur durch einen glücklichen Zufall habhaft wird.

Kleingartenanlage bei Aschheim
Es geht wohlgeordnet zu in Deutschlands Kleingärten. Immerhin 15.000 Vereine wachen über diese urdeutsche Form der naturverbundenen Freizeitgestaltung. Mehr als eine Million Schrebergärten auf rund 46.000 Hektar bilden vor allem in den Städten, wo oftmals aus Platzmangel die eigene Grünfläche fehlt, einen wichtigen sozialen und gesundheitsfördernden Ausgleich. Entgegen der landläufigen Meinung, dass Schrebergärten vor allem von älteren Menschen genutzt werden, lässt sich für die letzten Jahre ein kontinuierlicher Trend hin zur Nutzung durch immer jüngere, gesundheitsbewusste Familien ausmachen.

Die Abens nahe Deisenhofen
Bei Hochwasser sammelt sich das Wasser in den alten Wasserarmen der Abens und macht – besonders aus der Luft – die historischen Strukturen ihres Verlaufs sichtbar. Der Fluss kann hier, in der Nähe von Deisenhofen im Landkreis Kelheim, noch frei in eindrucksvoll schlingernden Windungen fließen, da er an dieser Stelle noch keine Regulierung erdulden musste.

Streuobstwiesen bei Karlstadt-Gambach

Eine agrarkulturelle Rarität sind die früher sehr weit verbreiteten Streuobstwiesen auf dem Südhang oberhalb des Mains bei Karlstadt-Gambach. Hier finden sich locker verteilte, hochstämmige Bäume unterschiedlichen Alters und unterschiedlicher Arten. Traditionell üblich ist die Mehrfachnutzung der Flächen, da sie sich auch als Mähwiesen oder Viehweiden eignen. Hatten Streuobstwiesen bis in die erste Hälfte des 20. Jahrhunderts hinein noch eine große kulturelle, soziale, landschaftsprägende und ökologische Bedeutung, wurde ihre Zahl durch Intensivierung der Landwirtschaft und um sich greifendes Siedlungswesen anschließend stark verringert. Heute gehören Streuobstwiesen zu den am stärksten gefährdeten Biotopen Mitteleuropas.

Reihenhaussiedlung in Fürstenfeldbruck
Einheitlich und auf eine etwas kühle, futuristische Art ästhetisch präsentiert sich diese moderne Reihenhaussiedlung in Fürstenfeldbruck. Sie könnte als mustergültiges Beispiel gelten, wie sich umweltbewusster, funktionaler Gebäudebau, der auf alternative Energiegewinnung setzt, und individuelle Anmutungen harmonisch ergänzen.

Wasserburger Innschleife
Nördlich von Rosenheim präsentiert sich der Inn von seiner schönsten Seite, mäandert in zahllosen glitzernden Windungen durch die sanfthügelige Landschaft und zieht bei Wasserburg eine so enge Schleife, dass die Altstadt fast zur Insel wird.

Wasserburg Innenstadt
Auf der Fotografie sind besonders gut die Treppengiebel und Pultdächer der Häuserfronten zu erkennen, in denen sich jene einzigartige Mischung aus deutschen und italienischen Architektur-Einflüssen wiederfindet, für welche die Gegend um Inn und Salzach berühmt ist.

Neubausiedlung in Fürstenzell
Am südlichen Rand von Fürstenzell bei Passau befindet sich diese kreisförmige Neubausiedlung, deren Zentrum eine Grünfläche mit Spielplatzgeräten bildet. Die marktähnliche Situation bietet eine Art gemeinschaftlichen Garten, der dazu angetan ist, sowohl das eigene Wohlbefinden als auch das nachbarschaftliche Wohnverhältnis zu fördern. Ein Beispiel des anwohnerfreundlichen Bauens, wie man es nicht überall findet.

Altstadt Nördlingen
Beinahe kreisrund präsentiert sich der samt allen Toren komplett erhaltene, begehbare Mauerring der mittelalterlichen Stadtbefestigung Nördlingens. Dass die 1327 errichtete Befestigung unbeschadet die Jahrhunderte überdauerte, grenzt an ein Wunder. Noch heute können Besucher auf den Spuren der mittelalterlichen Wachleute auf 2,6 km Länge die reizvolle Altstadt umwandern und durch Schießscharten das Umland betrachten. So beschirmt Nördlingens Stadtmauer bis in unsere Tage hinein eines der bedeutendsten Altstadtensembles Bayerns.

Burghausen
Entlang der Salzach, nahe der österreichischen Grenze, liegt die alte Herzogstadt Burghausen. Oberhalb der Altstadt erstreckt sich auf einem Hügelkamm die mit 1.043 m längste Burganlage der Welt. Die ältesten Teile der imposanten Festungsanlage entstammen bereits der Zeit vor 1050, ihr maßgebliches Erscheinungsbild erhielt sie zwischen 1393 und 1505. Die Burg zu Burghausen ist eines der bedeutendsten Wahrzeichen der Region und bereichert Bayerns Vielfalt an Denkmälern und historischen Monumenten auf einzigartige Weise.

Festungsanlage Rothenberg
Mitten im Wald liegt auf 558 Meter Höhe die eindrucksvolle Festungsanlage Rothenberg bei Schnaittach in der Fränkischen Alb. Zwischen 1729 und 1750 vom bayerischen Kurfürsten gegen das nur 25 km entfernte Nürnberg als bedeutende Rokoko-Festung erbaut, sollte die Burg die bayerische Grenze und die kurbayerische Enklave bei Schnaittach sichern. Die seltsame Form der Anlage ist dem Anspruch geschuldet, dass jeder Punkt der Befestigung von mindestens einem Geschütz bestrichen werden sollte, woraus sich die typischen Bastionen ergaben, die eine polygonale Sternform bilden. Beherbergte die Festung zeitweise 400 Soldaten, wurde sie bereits 1838 – als inzwischen überflüssig – aufgelassen und dem Verfall preisgegeben.

Grünes Band Deutschland
Die ehemalige Grenze zwischen der BRD und der DDR zieht sich hier zwischen Carlsgrün in Oberfranken und Schlegel in Thüringen als klare Linie durch die Landschaft. In weiten Teilen dieser 1.400 km langen Grenze gelang es, den ehemaligen Todesstreifen, in dem sich viele Pflanzen- und Tierarten halten konnten, als Naturschutzgebiet „Grünes Band Deutschland“ zu bewahren.

Segelboot auf dem Pilsensee
Ein Bild höchster Harmonie bietet der beneidenswerte Segler vor dem Seerosen- und Schilfgürtel auf dem Pilsensee in Oberbayern. Das farbliche Zusammenspiel der einzelnen Bildkomponenten und die Ruhe des Motivs, nur sacht gebrochen durch die sanfte Bewegung des Boots, vermitteln den Eindruck von Frieden und Kontemplation.

Schrecksee
Glitzernd und funkelnd präsentiert sich die blaue Platte des Schrecksees an einem herrlichen Sommertag. Der Schrecksee ist ein kleiner Hochgebirgssee in den Allgäuer Alpen nahe der Grenze zu Tirol. Auf 1813 m in einem kesselartigen Hochtal gelegen, wurde der See in den 1950er Jahren um 8 m aufgestaut, um ihn optimierter zur Energiegewinnung nutzen zu können. Die kleine Insel entstand im Zuge dessen aus einer natürlichen Halbinsel.

Forggensee
Strahlend weiß leuchten die Konturen der Uferlinie des Forggensees nahe der oberbayerischen Stradt Füssen bei abgesenktem Wasserspiegel. Kein Windhauch stört die klare, aber eisig kalte Februar-Idylle. Das Wasser wirkt undurchdringlich und ruhig, beinahe wie gemalt. Seinen Namen übernahm der See übrigens von dem überfluteten Weiler Forggen.

St. Bartholomä am Königsee
Inmitten des Berchtesgadener Lands an der Grenze zu Österreich liegt einer der schönsten und mit bis zu 190 m einer der tiefsten Seen Bayerns: Der Königsee. Am Westufer, auf der Halbinsel Hirschau, findet sich ein populäres Wahrzeichen Bayerns, die Wallfahrtskapelle St. Bartholomä. Die Kapelle, die nur per Schiff bequem zu erreichen ist, da jeder Fußweg über langwierige Hochgebirgspassagen führt, stammt zu Teilen noch aus dem 12. Jahrhundert und wurde im 17. Jahrhundert barockisiert. Das beeindruckende Echo an den steilen Gebirgshängen demonstrieren die Bootsführer, indem sie auf etwa halber Fahrtstrecke nach St. Bartholomä ein Flügelhorn blasen, dessen Ton beeindruckend von den Felswänden zurückgeschmettert wird.

Feldkapelle bei Thaldorf / Kelheim
Wie ein spontaner, kräftiger Pinselstrich läuft ein gelb blühender Streifen Raps unvermittelt in das Feld nahe des niederbayerischen Thaldorfs hinein. Die kleine Feldkapelle mit ihrem roten Dach vor dem frühsommerlichen satten Grün bildet einen reizvollen kleinen Kontrast zur beinahe abstrakt anmutenden Agrarlandschaft.

Dachauer Moos
Das streifenförmig angepflanzte Salatfeld, aufgenommen im Frühjahr, bildet aus der Luft einen reizvollen Kontrast zur Schwarzerde des Dachauer Mooses. Das Dachauer Moos ist eine Niedermoorlandschaft nördlich von München und liegt im Gebiet um Dachau und Karlsfeld. Bis ins 19. Jahrhundert war das Gebiet nicht für landwirtschaftliche Nutzung geeignet, erst Entwässerungsmaßnahmen machten es auch der Agrarwirtschaft zugänglich.

Vilstalsee bei Frontenhausen
Die Struktur des zugefrorenen Vilstalsees unweit von Frontenhausen erinnert beinahe an das inszenierte Chaos abstrakter Kunst. Vor diesem Hintergrund der blau und weiß marmorierten Eisfläche erscheinen die Menschen im Bild gut getarnt. Insgesamt sind es neun, die auf Schlitten und Schlittschuhen ihren Spaß haben.

Hopfenfeld in der Hallertau
Die Symmetrie der Bepflanzung, die gleichförmige Struktur des sandigen Untergrunds und das homogene Zusammenspiel von Licht und Schatten ergeben das beinahe surreal anmutende Bild einer übergeordneten Ästhetik. Den Feldarbeitern bei ihrer schweißtreibenden Arbeit im Hopfenfeld bleibt diese im wahrsten Sinne des Wortes abgehobene Sicht leider verwehrt.

Eggstätt-Hemhofer Seenplatte
Als sich in der letzten Eiszeit die Gletscher zurückzogen, hinterließen sie Blöcke sogenannten Toteises – Eis, das nicht mehr mit dem Gletscher verbunden war und sich demgemäß auch nicht mehr bewegte. In der Folge gänzlich mit Sediment verschüttet, verblieben bei ihrem Austauen sogenannte Toteislöcher, die heute – vom Grundwasser gespeist – vielerorts kleine, meist kreisrunde Seen ergeben. Der abgebildete See ist Teil der Eggstätt-Hemhofer Seenplatte nordwestlich des Chiemsees.

Eggstätt-Hemhofer Seenplatte
Eine Gruppe von insgesamt 18 Einzelseen bildet die Eggstätt-Hemhofer Seenplatte, von welcher hier der südliche Teil mit dem Thaler und dem Langbürgner See vor dem Bayerischen Meer samt Alpenpanorama zu sehen ist.

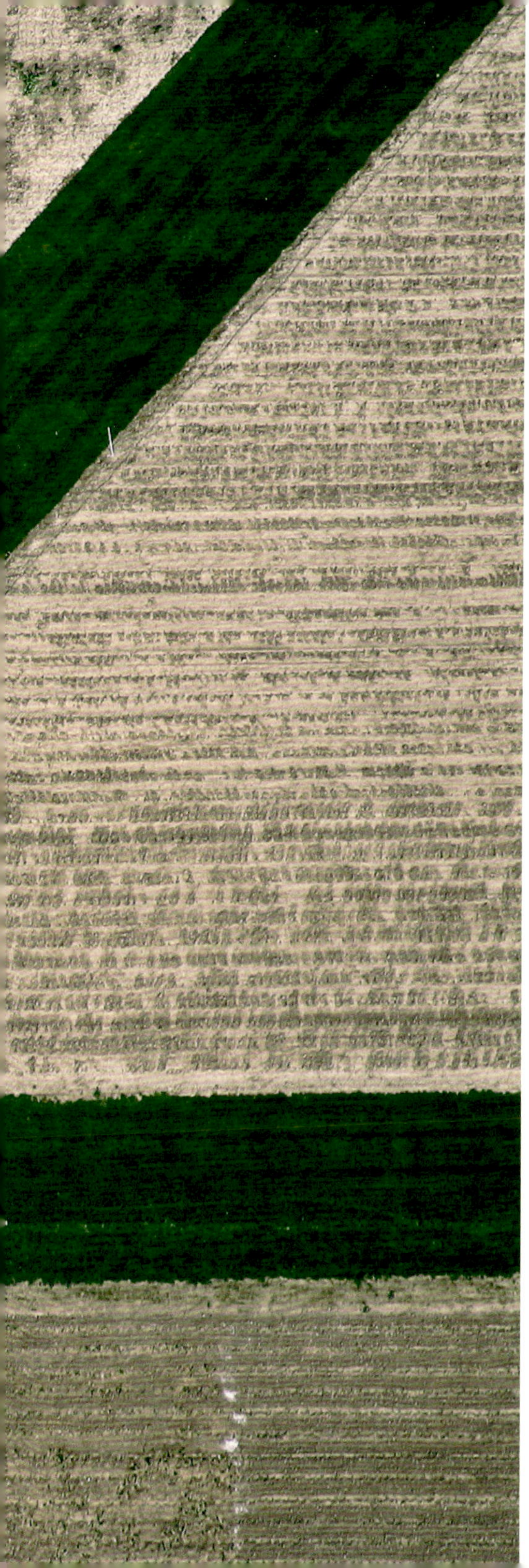

Saatzuchtfelder bei Hellkofen
Wie eine geheimnisvolle altägyptische Hieroglyphe auf Pergament oder aber die Nationalflagge eines Phantasie-Staats wirkt auf den ersten Blick das geometrische Muster der Saatgutfelder für Getreide bei Hellkofen im Oberpfälzer Landkreis Regensburg. Eine verborgene Geländestruktur, die sich allein aus der Vogelperspektive entfaltet.

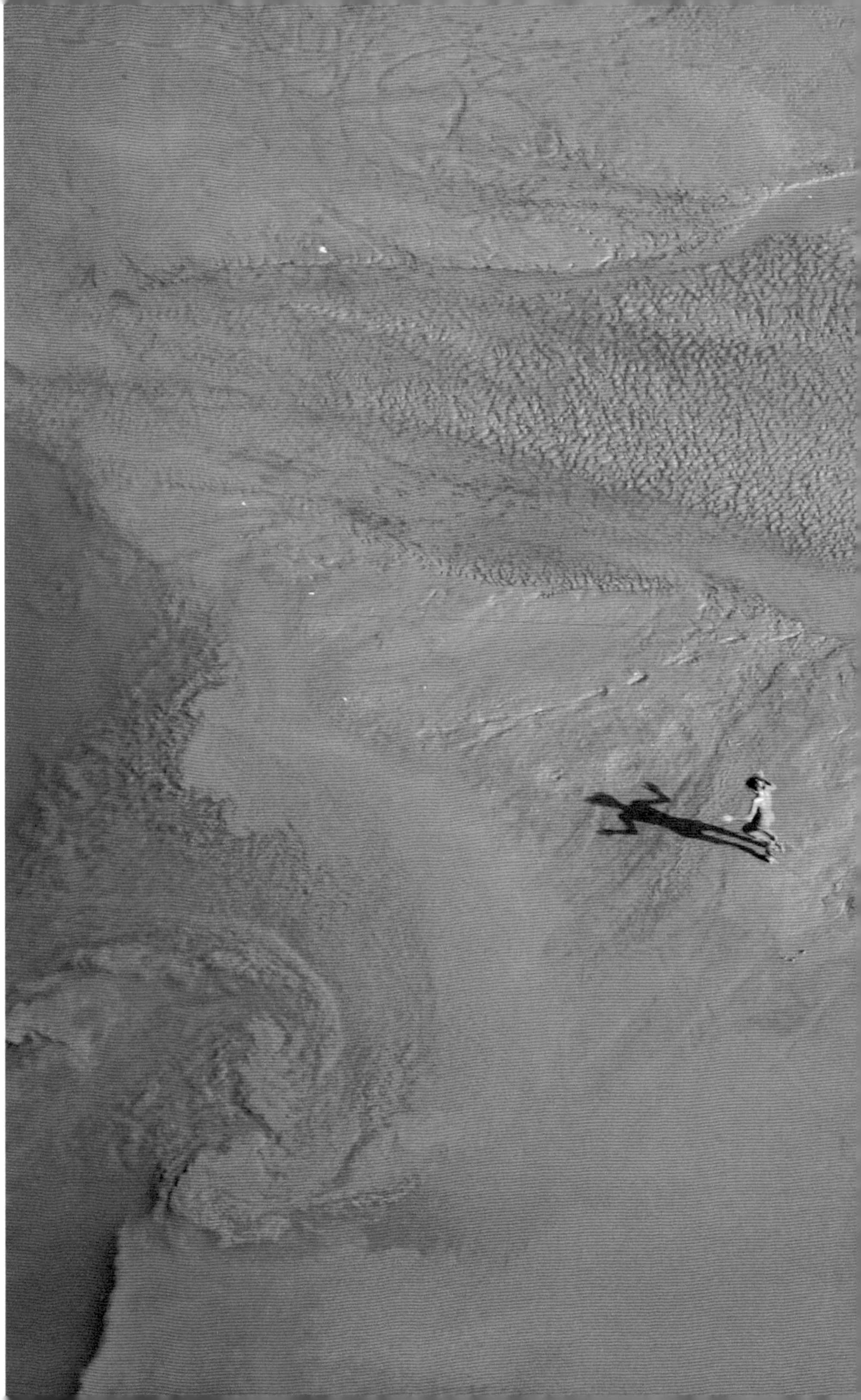

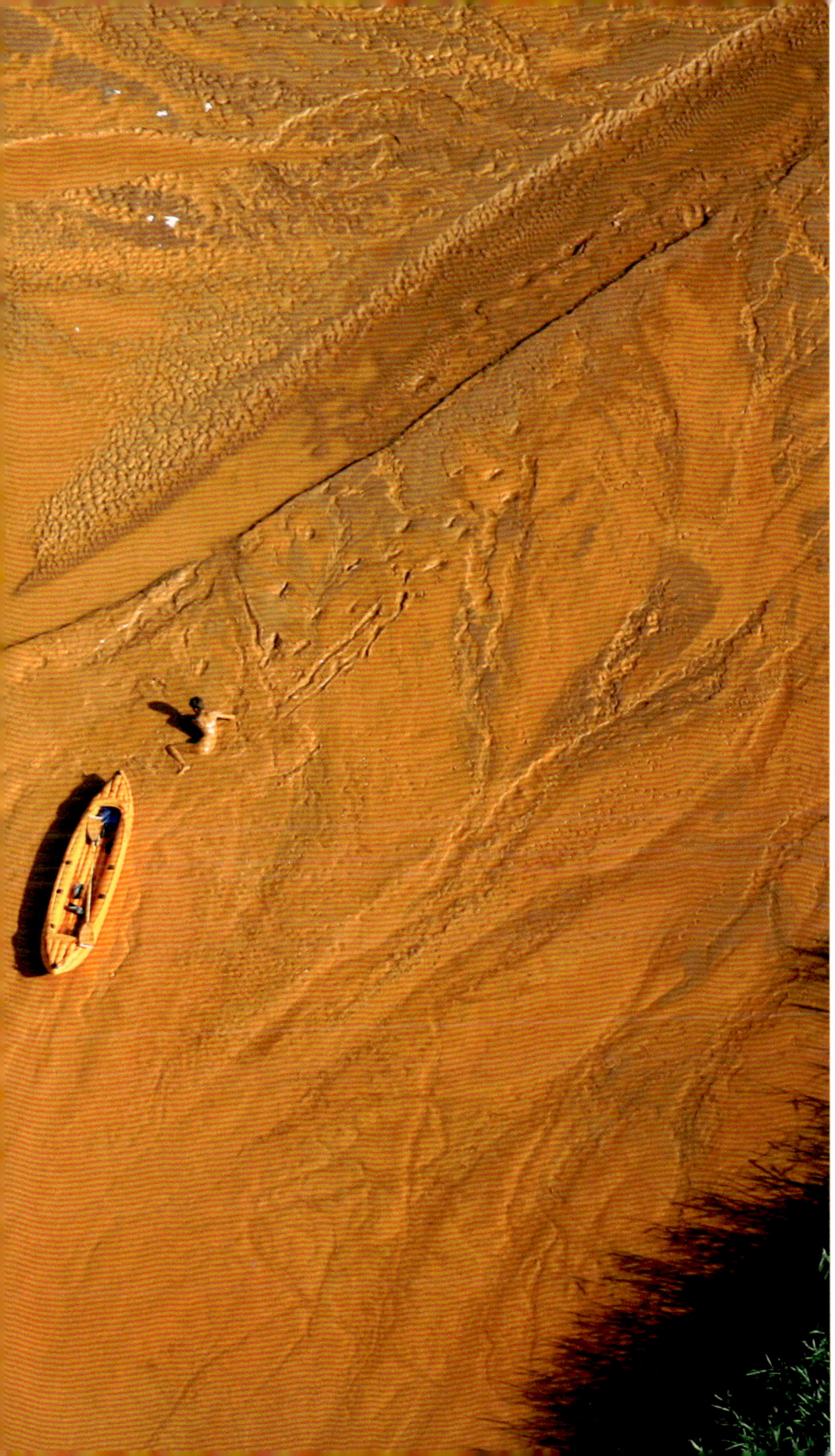

Schlammspringer
Am Rand einer Kiesgrube haben zwei Kinder ihr Schlauchboot verlassen, um sich im rostfarbenen, warmen Schlamm so richtig auszutoben. Ein ausgiebiger Ausflug unter die heimische Dusche dürfte wohl anschließend zumindest die gröbsten Spuren des Abenteuers beseitigt haben.

Bootssteg entlang der Regattastrecke Feldmoching-Oberschleißheim
Eine Komposition der Ruhe und Idylle präsentiert dieses Bild: Ein junger Mann genießt die einsame Stille auf einem hölzernen Bootssteg an der ehemaligen olympischen Regattastrecke Feldmoching-Oberschleißheim bei München.

Blühendes Rapsfeld
In sattem Gelb leuchtet das Rapsfeld Mitte Mai, etwa zwei Monate, bevor es abgeerntet wird. Raps ist eine wirtschaftlich bedeutende Nutzpflanze, die vor allem zur Gewinnung von Rapsöl verwendet wird. Ein positives Nebenprodukt ist der Rapskuchen, ein beliebtes Futtermittel. Übrigens: Fälschlicherweise werden auch im Spätsommer und Herbst gelb blühende Felder oft als Raps bezeichnet. Hierbei handelt es sich jedoch zumeist um den entfernt verwandten Gelbsenf.

Betonitgrube nahe Binsham
In der Tagebaugrube bei Binsham in der Region Landshut wird Betonit abgebaut, eine natürlich vorkommende Mischung aus verschiedenen Tonmineralien, die vielfältige Verwendung findet: in der Bautechnik, dem Bergbau, aber auch als Lebensmittelzusatz, in der Getränkeindustrie und in der Kosmetik.

183

Erdfunkstelle Raisting
Ein seltsamer Kontrast: Gewaltige Radioteleskope werfen ihre langen Schatten auf die landwirtschaftlich genutzten Felder bei Raisting im oberbayerischen Landkreis Weilheim-Schongau. Die Erdfunkstelle wurde 1964 von der Deutschen Bundespost in Betrieb genommen und dient heute – unter Denkmalschutz stehend – als Bodenstation für die Kommunikation mit Nachrichtensatelliten.

Oldtimertreffen auf der Münchner Theresienwiese
Seit einigen Jahren findet im Rahmen des Münchner Frühlingsfests nicht nur der größte Flohmarkt Bayerns statt, man kann am jeweils ersten Sonntag auch unter der Bavaria Old- und Youngtimer aller Epochen und Kategorien bewundern. Ein Oldtimer ist übrigens ein Kraftfahrzeug, das mehr als 30 Jahre auf dem Buckel hat, alles ab einem Alter von etwa 20 Jahren ist im neueren Sprachgebrauch ein Youngtimer. Eigentlich logisch, oder?

Isarufer im Gebiet der Pupplinger Au
Die Pupplinger Au ist ein als Landschafts- und Naturschutzgebiet ausgewiesenes Auwaldgebiet nördlich von Wolfratshausen bei München und liegt im Bereich zwischen Isar und Loisachmündung. Durch Erosion und Sedimentation schafft die Isar kontinuierlich neue Flussaufschüttungen und hinterlässt jährlich ungeheure Mengen an Schwemmgut.

Serpentinen bei Jochenstein
Den steilen Donauhang vom Wasserkraftwerk Jochenstein nach Gottsdorf erklimmt hier die Kreisstraße PA51 in weiten Kehren. Allein in diesem Bildausschnitt steigt die Straße etwa 200 m in die Höhe.

Der Autor

Klaus Leidorf, geboren am 05.06.1956 in Bonn, studierte unter anderem Vor- und Frühgeschichte in Bonn und Marburg, ehe er einige Jahre als wissenschaftlicher Mitarbeiter der Universität Marburg und Angestellter des Bayerischen Landesamts für Denkmalpflege tätig war. 1988 gab er seiner bereits früh erwachten Faszination für Flugwesen und Fotografie nach und erwarb eine Fluglizenz. Es folgten diverse weitere Lehrveranstaltungen an deutschen Universitäten und luftbildarchäologische Tätigkeiten für die Archäologische Denkmalpflege mehrerer Bundesländer.

Neben dem Aufspüren zahlloser unentdeckter Bodendenkmäler gilt sein Interesse zunehmend der Luftbilddokumentation und dem künstlerisch-ästhetischen Vermessen der vom Menschen geformten Landschaft, für deren Strukturen und Besonderheiten er ein untrügliches Gespür aufweist.

Mehrere Publikationen, vielbeachtete Ausstellungen und renommierte Preise zeugen von seiner außergewöhnlichen Arbeit.